BEI GRIN MACHT SICH IHR WISSEN BEZAHLT

Bibliografische Information der Deutschen Nationalbibliothek:

Die Deutsche Bibliothek verzeichnet diese Publikation in der Deutschen National-
bibliografie; detaillierte bibliografische Daten sind im Internet über http://dnb.d-
nb.de/ abrufbar.

Impressum:

Copyright © 2020 GRIN Verlag
Druck und Bindung: Books on Demand GmbH, Norderstedt Germany
ISBN: 9783346169136

Sascha Lang

Stand und Trends betrieblicher Anwendungssysteme

GRIN Verlag

GRIN - Your knowledge has value

Der GRIN Verlag publiziert seit 1998 wissenschaftliche Arbeiten von Studenten, Hochschullehrern und anderen Akademikern als eBook und gedrucktes Buch. Die Verlagswebsite www.grin.com ist die ideale Plattform zur Veröffentlichung von Hausarbeiten, Abschlussarbeiten, wissenschaftlichen Aufsätzen, Dissertationen und Fachbüchern.

Besuchen Sie uns im Internet:

http://www.grin.com/

http://www.facebook.com/grincom

http://www.twitter.com/grin_com

Stand und Trends betrieblicher Anwendungssysteme

vorgelegt von

Sascha Lang

Studiengang: Wirtschaftsinformatik - Bachelor of Science (B. Sc.)

Ludwigsburg, 06.04.2020

Inhaltsverzeichnis

1. Einleitung

1.1. Relevanz des Themas

Von den offensichtlichsten Vorgängen, wie Bestellprozesse oder Gehalts-abrechnungen, bis hin zu den Kleinigkeiten unseres unternehmerischen und privaten Alltags, die Digitalisierung durchdringt zunehmend unser gesamtes Leben und unsere Wertschöpfung. Auch wenn die Interaktion immer komfortabler wird, beispielsweise durch Sprachsteuerung oder intuitive Oberflächen, so sind und bleiben die Anwendungssysteme die Basis für einen Großteil des digitalen Nutzens. Dabei sind die Möglichkeiten der Weiterentwicklung und Optimierung nahezu unbegrenzt. Mit jedem Vorgang, der von der analogen in die digitale Welt transformiert wurde, ergeben sich zusätzliche Möglichkeiten der Automatisierung und Interaktion mit anderen Anwendungen. Die Digitale Transformation ist vermutlich der größte Technologie-Wandel der Gegenwart.[1]

1.2. Ziel der Arbeit

Das Ziel dieser Arbeit ist den aktuellen Stand sowie Trends betrieblicher Anwendungssysteme darzustellen. Dabei wird auch die „Überwindung der sogenannten ›Softwarekrise‹" thematisiert. Am Beispiel der Software-entwicklung in der Automobilbranche wird der aktuelle Stand und die Trends in Anwendungssystemen praxisnah beschrieben.

1.3. Aufbau der Arbeit

Beginnend mit einer Definition der wichtigsten Begrifflichkeiten, wird das Assignment anschließend den aktuellen Stand und die Trends der Anwendungssysteme untersuchen. Das vierte Kapitel beschreibt die Prozesslandschaft nach der Software in der Automobilindustrie entwickelt wird. Danach wird ein Anwendungssystem in der Softwareentwicklung im Zusammenhang mit den aktuellen Trends dargestellt.

---

[1] vgl. DIT421, S.3

2. Definitionen

2.1. Anwendungssysteme

Unter dem Begriff der Anwendungssysteme sind alle Anwendungs-
programme und die dazugehörigen Daten zu verstehen, die für ein konkretes
betriebliches Anwendungsgebiet eingesetzt werden. Im weiteren Sinn zählt
man zusätzlich alle Software-, Hardware- und Kommunikationsbestandteile,
die im betrieblichen Umfeld eingesetzt werden, dazu.[2]

2.1.1. PLM-Systeme

Eine Sparte unter den integrierten Anwendungssystemen bilden die PLM-
Systeme (Product Lifcycle Management) und die zugehörigen ALM-Systeme
(Application Lifecycle Management) für Softwareprodukte. Diese Systeme
unterstützen Unternehmen ganzheitlich bei der Entwicklung, Verwaltung und
Betreuung ihrer Produkte, von der Produktidee bis zum Recycling bzw. bis
zum Support-Ende der Software.[3] Primär werden die Bereiche Planen,
Entwickeln, Testen, Freigeben und Supporten durch ALM-Systeme möglichst
integriert abgedeckt.[4] Die Herausforderung in diesem Bereich liegt in der
Heterogenität der unterschiedlichen Datenformate und der zu erzeugenden
Systeme.[5]

2.2. Softwarekrise

Formuliert wurde die Softwarekrise erstmals in den 1960er Jahren, in einer
Zeit als die technischen Möglichkeiten der Hardware dramatisch anstiegen
und die Komplexität der Software-Produkte mit dem damaligen Projekt- und
Qualitätsmanagement und der Koordination der Entwickler nicht mehr Schritt

---

[2] vgl. STAHLKNECHT, 1997, S.358

[3] vgl. https://digitaler-mittelstand.de/business/ratgeber/product-lifecycle-management-was-ist-das-50746 (abgerufen am 22.03.2020)

[4] vgl. https://t2informatik.de/wissen-kompakt/application-lifecycle-management/ (abgerufen am 22.03.2020)

[5] vgl. MERTENS, 2013, S.347

halten konnte. Die Venussonde Mariner-1 musste 1962 nach dem Start gesprengt werden, weil ein Bindestrich im Programmcode falsch gesetzt war und die Rakete damit manövrierunfähig wurde. Dieser Fehler kostete die NASA damals 18 Mio. US-$. Das Betriebssystem OS/360 konnte nur verspätet und in Zwischenlösungen veröffentlicht werden. Die Entwicklung kostete IBM damals fast 500 Mio. US-$.[6] Der Informatiker Edsger Dijkstra formulierte das Problem 1972 so:

„Die Hauptursache für die Softwarekrise liegt darin begründet, dass die Maschinen um einige Größenordnungen mächtiger geworden sind! Um es ziemlich einfach auszudrücken: Solange es keine Maschinen gab, war Programmierung kein existierendes Problem; als wir ein paar schwache Computer hatten, wurde Programmierung zu einem geringen Problem, und nun, da wir gigantische Computer haben, ist die Programmierung ein ebenso gigantisches Problem."[7]

Die damalige Antwort auf die Softwarekrise lautete: „Software Engineering"

Es wurde versucht Projektmanagement, Architektur-, Design- und Test-Methoden aus Ingenieursdisziplinen in die Informatik zu übertragen, um mehr Struktur und eine höhere Qualität zu erreichen. Seit dieser Zeit hat die Informatik enorme Fortschritte gemacht und dennoch besteht das Urproblem weiter hin, denn auch weiterhin wird die Hardware mächtiger und die Software komplexer. Heutige Ansätze mit dem Ziel die Software zu beherrschen sind beispielsweise ISTQB (International Software Testing Qualifications Board) für eine einheitliche Softwaretester Ausbildung und SPICE (Software Process Improvement and Capability Determination) für Prozess- und Assessmentmodelle und daraus für die Automobilbranche abgeleitet „Automotive SPICE" (ASPICE).

---

[6] vgl. https://www.embedded-software-engineering.de/raus-aus-der-software-krise-50-jahre-software-engineering-a-765527/ (abgerufen am 22.03.2020)

[7] DIJKSTRA, 1972

3. Aktueller Stand und Trends

3.1. Cloud Computing

Hinter Cloud Computing verbirgt sich die Bereitstellung von Computing-ressourcen (z.B. Server, Speicher, Datenbanken, Netzwerkkomponenten, Software, Analyse- und intelligente Funktionen) über das Internet oder das Unternehmensnetzwerk.[8] Die Ressourcen sind dabei oft virtualisiert und ermöglichen so eine agile Skalierbarkeit und die Kosten orientieren sich am genutzten Umfang. Firmen können so den Kauf eigener Ressourcen vermeiden, und damit auch die Vorleistung, und sie müssen sich nicht um die Installation, die Wartung und die Skalierung der Ressourcen kümmern.[9] Im Detail lassen sich Cloud Computing Dienste in vier aufeinander aufbauende Kategorien unterteilen:

3.1.1. IaaS (Infrastructure-as-a-Service)

IaaS ist ein Modell um grundlegende IT-Ressourcen wie Rechenleistung, Storage oder Netzwerkkapazitäten zur Verfügung zu stellen. Das Unternehmen behält dabei die Kontrolle über Betriebssysteme und Anwendungen.[10]

3.1.2. PaaS (Platform-as-a-Service)

Bei PaaS wird den Unternehmen eine Cloud-Umgebung zur Verfügung stellt, in der sie Anwendungen entwickeln, managen und bereitstellen können. Zusätzlich zu den IaaS Bestandteilen können eine Reihe vordefinierter Tools

---

[8] vgl. https://azure.microsoft.com/de-de/overview/what-is-cloud-computing/#cloud-computing-models (abgerufen am 27.03.2020)

[9] vgl. https://azure.microsoft.com/de-de/overview/cloud-computing-dictionary/ (abgerufen am 27.03.2020)

[10] vgl. https://www.computerwoche.de/a/was-sie-ueber-die-cloud-wissen-uessen,2504589,2 (abgerufen am 28.03.2020)

verwendet werden, um Anwendungen zu entwickeln, anzupassen und zu testen.[11]

3.1.3. Serverless Computing

Aufbauend auf PaaS wird beim Serverless Computing weiter abstrahiert. Hier entfällt für Entwickler die Notwendigkeit, per API mit der Plattform zu interagieren oder zusätzliche Ressourcen zuzuweisen.[12]

3.1.4. SaaS (Software-as-a-Service)

Bei SaaS werden ganze Softwareanwendungen über das Internet bereitgestellt. Die Softwareanwendungen und zugrunde liegende Infrastrukturen werden von Cloudanbietern gehostet, verwaltet und gewartet. Benutzer verbinden sich über das Internet mit der Anwendung und verwenden zur Nutzung der Anwendung üblicherweise einen Webbrowser.[13]

3.2. Künstliche Intelligenz (KI)

„Künstliche Intelligenz ist die Lehre davon, wie Computer Dinge tun können, in denen Menschen besser sind – wenigstens im Moment noch."[14]

Das Zitat von Elaine Rich aus dem Jahr 1983 ist bis heute gültig und beschreibt sehr präzise das Ziel der künstlichen Intelligenz.[15] Aktuelle Trends der KI ermöglichen es den Inhalt unstrukturierter Daten, wie Bilder oder Texte, zu erkennen.[16] So lassen sich Erkenntnisse, Muster und Beziehungen aus Bildern, E-Mails und Social Media gewinnen oder Echtzeittrends aus Social

---

[11] vgl. https://www.ibm.com/de-de/cloud/learn/iaas-paas-saas (abgerufen am 28.03.2020)

[12] vgl. https://www.cloudcomputing-insider.de/was-ist-serverless-computing-a-713889/ (abgerufen am 28.03.2020)

[13] vgl. https://azure.microsoft.com/de-de/overview/what-is-cloud-computing/#cloud-computing-models (abgerufen am 27.03.2020)

[14] RICH, 1983

[15] vgl. ERTEL, 2016, S.18

[16] vgl. https://www.pcwelt.de/a/kuenstliche-intelligenz-wozu-sie-heute-schon-imstande-ist,3448334 (abgerufen am 29.03.2020)

Media Einträgen ableiten.[17] Chatbots, die in akustischer oder textueller Sprache mit dem Nutzer interagieren, stellen einen weitere Trendanwendung der künstlichen Intelligenz dar.[18]

3.3. Internet der Dinge

Vor allem die Miniaturisierung elektronischer Bauelemente ermöglicht es heute viele Dinge des Alltags verbindungsfähig zu machen. Egal ob Industrie-Maschinen, die Sportuhren am Handgelenk, Fahrzeuge oder Haushaltsgeräte aller Art.[19] Aktuell sind rund 27 Milliarden vernetzte Geräte im Einsatz, was allerdings erst einen Anteil 0,6% aller vernetzbaren Maschinen, Geräten und sonstigen Dingen entspricht. Das Wachstums-Potential ist enorm. Dabei ist die Vernetzung natürlich kein selbst Zweck. Automatisierte Steuerungen, einfache Datenerhebung, Verbrauchsoptimierung und viele weitere Ideen lassen sich durch vernetzte Dinge optimieren oder gar erstmals realisieren.[20]

3.4. Continuous Development / Integration

Für größere Software Projekte werden die Software Bestandteile in kleinere Einheiten herunter gebrochen und die Bearbeitung dieser erfolgt in separaten Teams. Die Zusammenführung der Code-Fortschritte erfolgte bisher nur zu einem bestimmten Zeitpunkt, beispielsweise zur Vorbereitung eines Releases oder zur Erfüllung eines Meilensteins. Continuous Integration ist ein Methodenansatz, der es erlaubt Programmteile stetig zusammenzuführen und in automatisierten Tests zu prüfen. So können Fehler möglichst früh entdeckt und Rekursionen zur Fehlerbehebung möglichst klein gehalten werden. So soll die Software Entwicklung effizienter und qualitativ hochwertiger werden.[21]

---

[17] vgl. https://www.ibm.com/de-de/cloud/ai?lnk=STW_DE_MAST_W2_TL&lnk2=learn_WatAssist&psrc=none&pexp=def (abgerufen am 29.03.2020)

[18] vgl. https://www.ibm.com/de-de/campaign/was-ist-ein-chatbot (abgerufen am 29.03.2020)

[19] vgl. ANDELFINGER, 2015, S.9

[20] vgl. https://blog.wiwo.de/look-at-it/2019/09/09/internet-of-things-knapp-27-milliarden-vernetzte-geraete-oder-3-iot-gadgets-je-mensch/ (abgerufen am 29.03.2020)

[21] vgl. https://www.dev-insider.de/was-ist-continuous-integration-a-690914/ (abgerufen am 29.03.2020)

4. Softwareentwicklung in der Automobilindustrie

In der Automobilindustrie hat sich in den letzten Jahren im Bereich der Softwareentwicklung das „Automotive SPICE" Prozessmodel, kurz ASPICE, etabliert. Dieses Prozessmodel wurde in einem Arbeitskreis aus Fahrzeugherstellern und Zulieferern aus der ISO/IEC 15504 „SPICE" (Software Process Improvement and Capability Determination) branchenspezifisch weiterentwickelt. Grund für die Entwicklung und den Einsatz von ASPICE ist die stetig schneller werdende Veränderung des Markts. Die Anforderungen bezüglich Umweltfreundlichkeit, Sicherheit, Wirtschaftlichkeit und Benutzerfreundlichkeit verlangen Lösungen mit steigender Komplexität in immer kürzeren Ablieferzyklen. Die kürzeren Entwicklungszeiten bei steigenden Qualitätsanforderungen machten es notwendig die Entwicklungsprozesse in der softwarebasierten Systementwicklung zu überwachen und zu verbessern.[22] Die primären Entwicklungsprozesse basieren auf dem V-Modell, was sich in Abbildung 2 gut erkennen lässt. In Abbildung 1 sehen wir eine Gesamtübersicht aller Prozessbereiche, die durch ASPICE definiert werden, wobei sich die Mitglieder des VDA (Verband der Automobilindustrie) primär auf die Rot umrandeten Bereiche konzentrieren.

---

[22] vgl. https://vda-qmc.de/software-prozesse/automotive-spice/ (abgerufen am 31.03.2020)

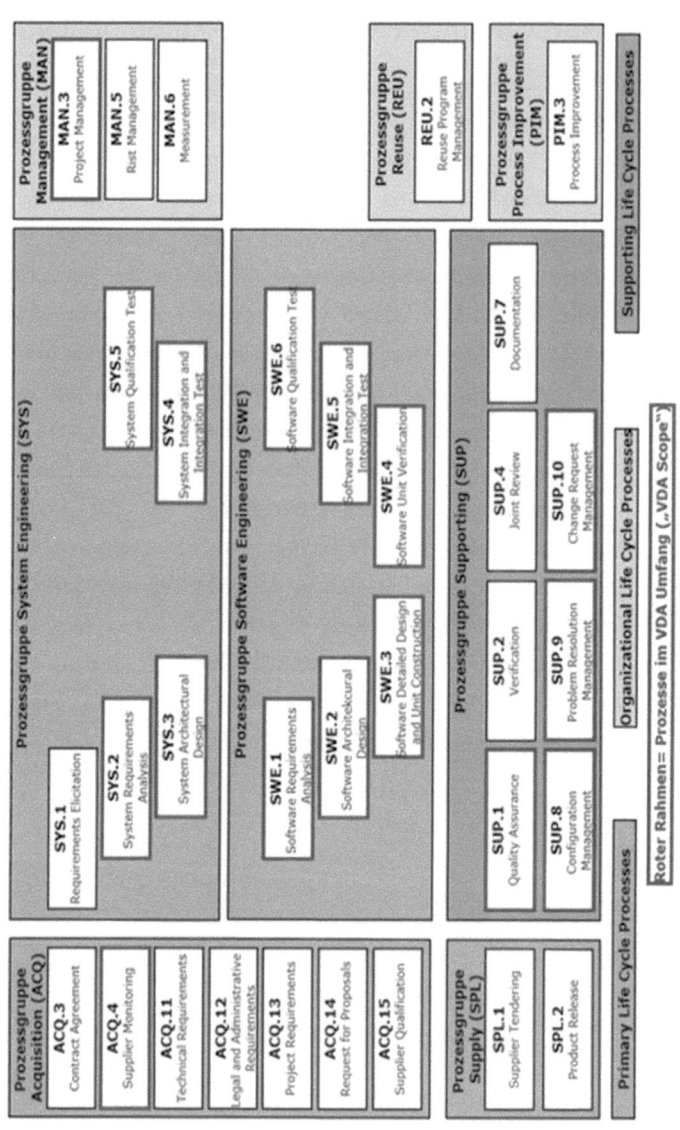

Abb.1: Aufteilung der Prozessgruppen nach ASPICE[23]

---

[23] https://vda-qmc.de/software-prozesse/automotive-spice/ (abgerufen am 01.04.2020)

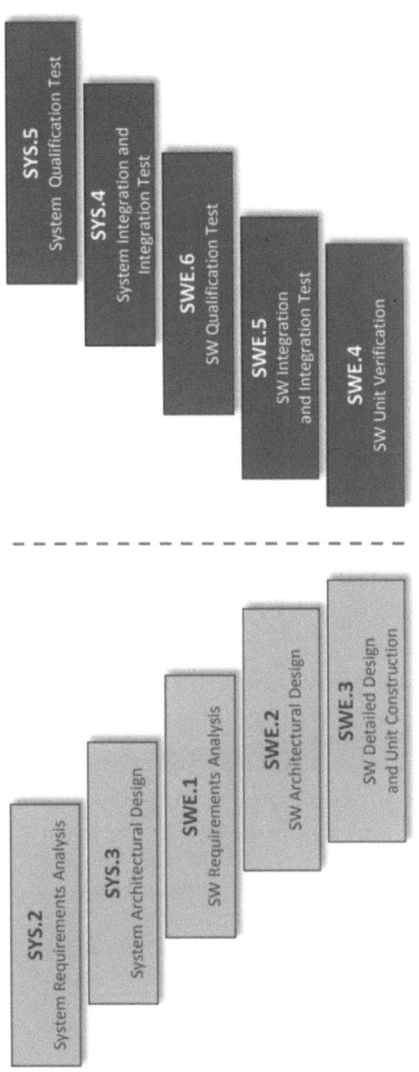

Abb.2: Primäres V-Modell der Entwicklungsprozesse nach ASPICE[24]

---

[24] https://www.kuglermaag.com/fileadmin/05_CONTENT_PDF/2-11_automotive-spice_v3-0_update.pdf, S.25 (abgerufen am 02.04.2020)

Linksoben, bei SYS.2 beginnend, startet der unternehmensinterne Entwicklungsprozess. Dabei werden zuerst die Anforderungen des Kunden so formuliert und zerlegt, dass sie für Projektteams verständlich und handhabbar sind.[25]

In SYS.3 wird die System Architektur definiert, es wird geprüft welche Systemanforderungen mit Hardware, Mechanik oder Software erfüllten werden können und innerhalb der Software welchem Strukturbereich die Anforderungen zuzuordnen sind. Darüber hinaus werden die Schnittstellen zwischen den Strukturelementen definiert.[26]

Bei der Analyse der Softwareanforderungen, in SWE.1, werden die zugeordneten Systemanforderungen umgewandelt und zerlegt, um die konkrete Erstellung von Code zu gewährleiten.[27]

Auch auf der Ebene der Software Komponenten müssen die Anforderungen den Details-Strukturelementen zugeordnet und Schnittstellen beschrieben werden, dies geschieht in SWE.2.[28]

In SWE.3 wird die kleinste Code-Einheit, die Unit, beschrieben und der benötigte Code generiert.[29]

Auf der rechten Seite des V-Modells wird in SWE.4 begonnen den Code gegen die Beschreibung aus SWE.3 zu prüfen, anschließend werden in den Prozessschritten SWE.5, SWE.6, SYS.4 und SYS.5 die einzelnen Software- und Systemkomponenten zusammengesetzt und getestet.[30] Der Testfokus

---

[25] vgl. https://www.kuglermaag.de/fileadmin/05_CONTENT_PDF/literature_automotive-spice_pocketguide.pdf (abgerufen am 02.04.2020)

[26] vgl. https://www.kuglermaag.de/fileadmin/05_CONTENT_PDF/literature_automotive-spice_pocketguide.pdf (abgerufen am 02.04.2020)

[27] vgl. https://www.kuglermaag.de/fileadmin/05_CONTENT_PDF/literature_automotive-spice_pocketguide.pdf (abgerufen am 02.04.2020)

[28] vgl. https://www.kuglermaag.de/fileadmin/05_CONTENT_PDF/literature_automotive-spice_pocketguide.pdf (abgerufen am 02.04.2020)

[29] vgl. https://www.kuglermaag.de/fileadmin/05_CONTENT_PDF/literature_automotive-spice_pocketguide.pdf (abgerufen am 02.04.2020)

[30] vgl. https://www.kuglermaag.de/fileadmin/05_CONTENT_PDF/literature_automotive-spice_pocketguide.pdf (abgerufen am 02.04.2020)

liegt dabei immer auf der korrespondierenden Anforderung bzw. dem Architektur-Element auf der linken Seite in der entsprechenden Prozessebene.[31] Beispielsweise werden die Anforderungen die in SWE.1 beschrieben wurden mit Testfällen in SWE.6 geprüft, wie in Abbildung 3 durch die Pfeilverbindungen von links nach rechts dargestellt.

Dabei muss sichergestellt werden, dass eine konsequente Nachverfolgbarkeit zwischen den einzelnen Artefakten (Anforderungen, Architektur-Elementen und Testfällen) gegeben ist, auch das ist in Abbildung 3 dargestellt.

---

[31] vgl. https://www.kuglermaag.de/fileadmin/05_CONTENT_PDF/literature_automotive-spice_pocketguide.pdf (abgerufen am 02.04.2020)

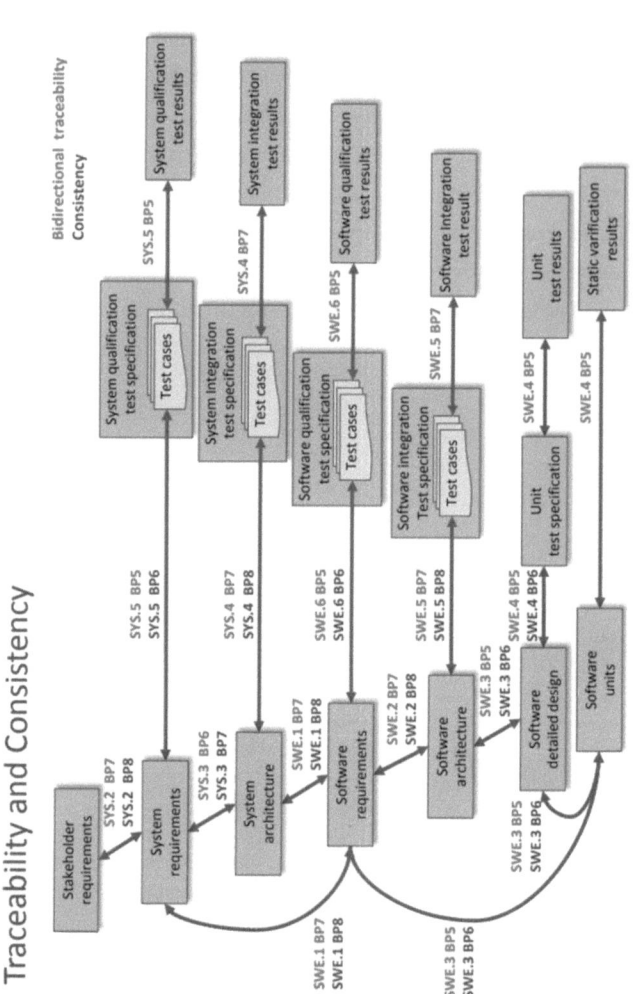

Abb.3: Bidirektionalen Nachverfolgbarkeit zwischen den Artefakten[32]

---

[32] https://www.kuglermaag.com/fileadmin/05_CONTENT_PDF/2-11_automotive-spice_v3-0_update.pdf, S.24 (abgerufen am 02.04.2020)

Die Einhaltung der Prozesskette ist besonders wichtig, weil die Kundenanforderungen nicht statisch sind, sondern immer wieder angepasst werden. Dies hat zur Folge, dass zugehörigen Elemente auch geändert oder zumindest auf die Anpassung hin zu prüfen sind. Eine weitere Dimension kommt hinzu, wenn man bedenkt, dass die einzelnen Software- und Systemelemente in mehreren Projekten gleichzeitig eingesetzt werden. Diese hohe Komplexität macht den Einsatz eines ALM-Systems, dass den gesamten Entwicklungsprozess abdeckt, notwendig.

5. Anwendungssysteme in der Software Entwicklung

Das Engineering Lifecycle Management (ELM) ist ein ALM-System von IBM. Dabei ist ELM kein monolithisches Programm, sondern eine Zusammenstellung verschiedener disziplinspezifischer Anwendungen, die für die gemeinschaftliche Interaktion optimiert wurden. Für die Verwaltung von Anforderungen DOORS Next, für Architektur Definition Rhapsody Model Manager, für Test Definition und Koordination Engineering Test Management (ETM), zur Quell Code Ablage und Strukturierung, sowie zur Planung und Aufgabenkoordination Engineering Workflow Management (EWM), zur ELM weiten Berichtsgenerierung Jazz Reporting Service (JRS) und zur Verwaltung der Produkt Varianten Global Configuration Management (GCM).[33] Mit dieser Tool Zusammenstellung wird es Unternehmen ermöglicht alle VDA relevanten Prozessbereiche in einer Umgebung abzudecken.

---

[33] vgl. https://www.ibm.com/support/knowledgecenter/SSYMRC_7.0.0/com.ibm.help. common.jazz.calm.doc/topics/c_capabilities.html (abgerufen am 04.04.2020)

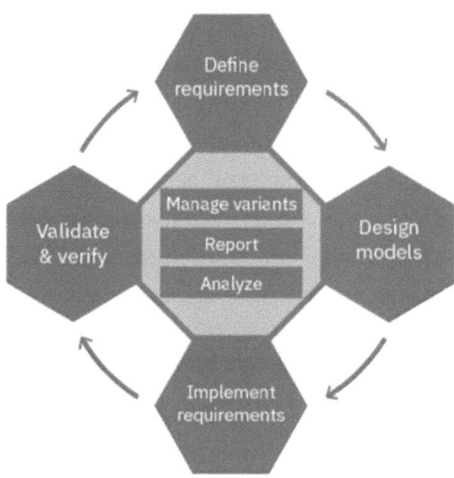

Abb.4: Übersicht der ELM Anwendungsbereiche[34]

5.1.   Anwendungsübergreifende Verlinkung

Besonders hervorzuheben Ist dabei die anwendungsübergreifende Verlinkung. Sie ermöglicht es, wie von ASPICE gefordert, auf einfache weiße die Transparenz und Nachverfolgbarkeit herzustellen. Konsequent kann von jeder Kundenanforderung geprüft werden mit welchen System- und Softwareanforderungen und welchen Code-Einheiten diese erfüllt wird. Des Weiteren sind auch die Testfälle und deren Ergebnisse mit den Anforderungen verlinkt und bieten so schnelle Überprüfbarkeit.

---

[34] https://www.ibm.com/support/knowledgecenter/SSYMRC_7.0.0/com.ibm.help.common. jazz.calm.doc/topics/c_capabilities.html (abgerufen am 05.04.2020)

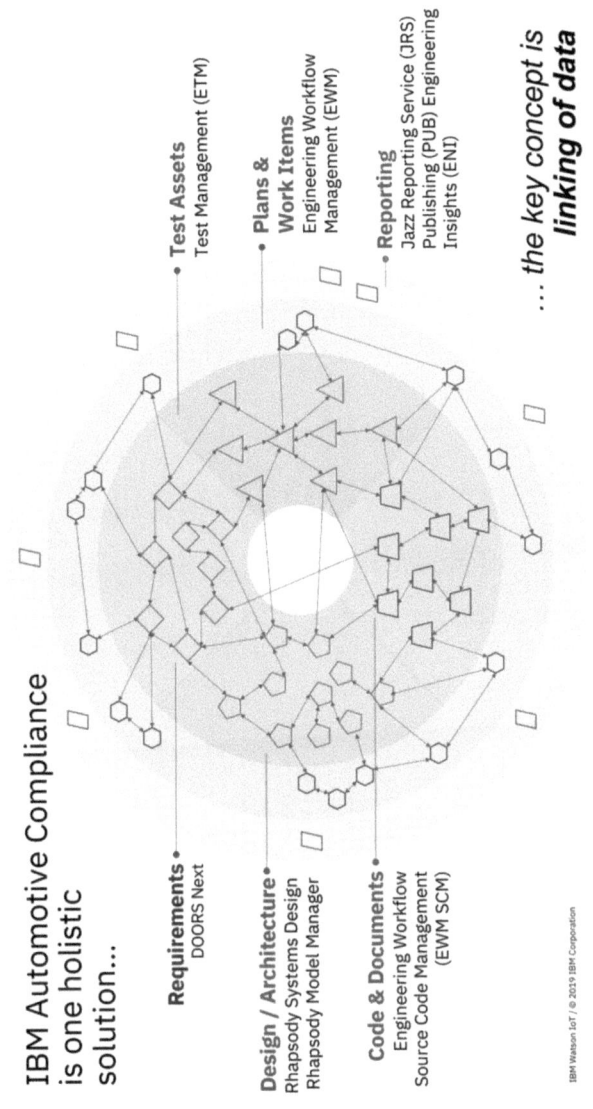

IBM Automotive Compliance
is one holistic
solution...

Requirements •
DOORS Next

Design / Architecture •
Rhapsody Systems Design
Rhapsody Model Manager

Code & Documents •
Engineering Workflow
Source Code Management
(EWM SCM)

• **Test Assets**
Test Management (ETM)

• **Plans &**
Work Items
Engineering Workflow
Management (EWM)

• **Reporting**
Jazz Reporting Service (JRS)
Publishing (PUB) Engineering
Insights (ENI)

... the key concept is
linking of data

IBM Watson IoT / © 2019 IBM Corporation

Abb.5: Linkbeziehungen zwischen allen Artefakten in ELM[35]

---

[35] https://www.ibm.com/downloads/cas/R72ZWYJP (abgerufen am 05.04.2020)

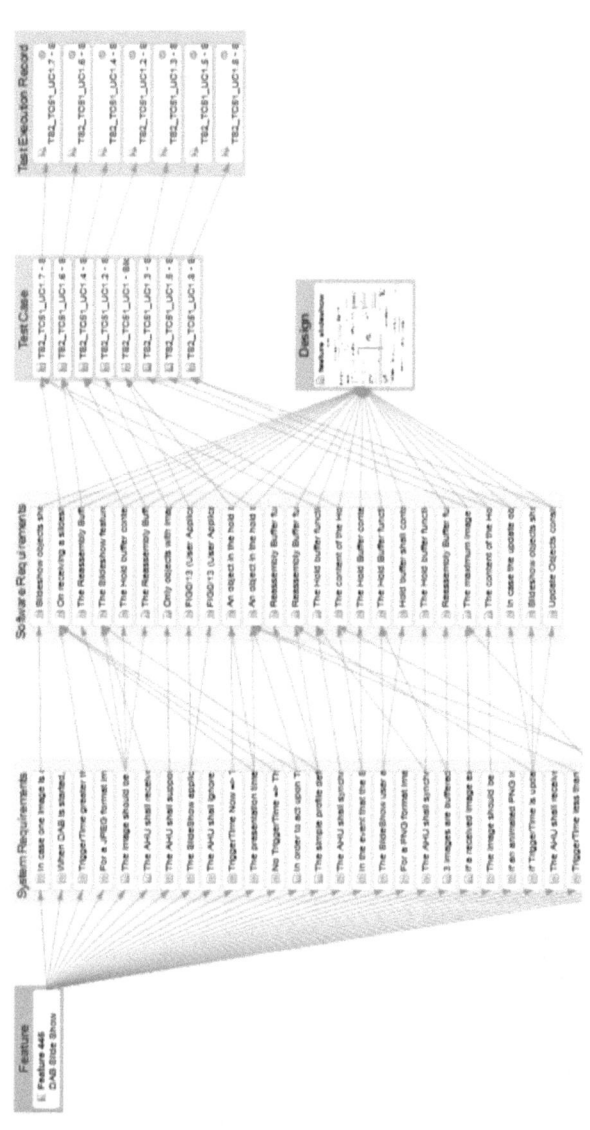

Abb.6: Beispiel einer Linkkette[36]

[36] https://www.ibm.com/downloads/cas/R72ZWYJP (abgerufen am 05.04.2020)

Eine weitere Funktion von ELM ist die aktive Link Prüfung. So bald ein verlinktes Artefakt bearbeitet wurde wird der Link für die anderen Artefakte als „verdächtigt" ( ) angezeigt, denn es könnte ja sein, dass durch die Änderung die inhaltliche Komptabilität   verloren gegangen ist. Nach manuellem Abgleich, der Inhalte, kann der Link wieder auf „gültig" ( ) gesetzt werden. So kann im schnelllebigen Entwicklungsumfeld sichergestellt werden, dass Inhalte nicht versehentlich auseinanderdriften.[37]

Abb.7: Prüfung der Link Gültigkeit[38]

5.2.   Continuous Development mit ELM

Schnittstellen in ETM ermöglichen die direkte Anbindung von Test-umgebungen (simulierte Hardware oder vernetzte Hardware), auf denen die Softwarekomponenten automatisiert getestet werden können. Automatisiertes Testen, detaillierte Varianten Verwaltung und konsequente Nachverfolgbarkeit sind wichtige Grundlage für Continuous Development die durch ELM zur Verfügung stehen.

5.3.   Künstliche Intelligenz in ELM

Auch künstliche Intelligenz im Bereich der Anforderungsbeschreibung können optional eingesetzt werden. Die KI unterstützt Entwickler bei der Formulierung der Anforderungen, um Fehler zu vermeiden und um testbare Anforderungen zu erhalten. Zusätzlich können bereits geschriebene Anforderungen leichter

---

[37] vgl. https://www.ibm.com/support/knowledgecenter/SSYMRC_7.0.0/com.ibm.jazz.vvc.doc/topics/c_linkval.html (abgerufen am 05.04.2020)

[38] https://www.ibm.com/support/knowledgecenter/SSYMRC_7.0.0/com.ibm.jazz.vvc.doc/topics/c_linkval.html (abgerufen am 05.04.2020)

wiederverwendet werden, da diese den aktuellen Text mit dem Datenbestand abgleichen kann.[39]

5.4. ELM als Cloud Anwendung

IBM bietet ELM als cloudbasierte SaaS Lösung und zur Installation auf dem eigenen Server an.[40] Die Nutzung erfolgt in beiden Fällen über die Browseroberfläche.

---

[39] vgl. https://www.ibm.com/us-en/marketplace/requirements-quality-assistant (abgerufen am 05.04.2020)

[40] vgl. https://www.ibm.com/de-de/marketplace/test-management/purchase (abgerufen am 05.04.2020)

6. Schluss

6.1. Zusammenfassung

Im Vergleich zu den klassischen Anwendungssystemen wie ERP oder CRM sind Systeme zur Verwaltung von Softwareentwicklungen eher eine Nische. Das mag zum einen daran liegen, dass sich mit ALM-Systemen geringere wirtschaftliche Erfolge erzielen lassen als mit ERP, zum anderen daran, dass die Prozesse und Arbeitsweisen in diesem Bereich vielfältiger und die Artefakte heterogener sind. Folglich ist es aufwändiger die komplexeren Anwendungen branchenübergreifend zu entwickeln. Gleichzeitig bieten gerade ALM-Systeme eine Antwort zur Bewältigung der Softwarekrise. Transparenz, Nachverfolgbarkeit und der kontinuierliche Test der kleinen Anpassungen im Code steigern die Qualität des Endprodukts und lassen auf diesem Weg die Softwarekrise ein bisschen kleiner werden. Künstliche Intelligenz bietet Potential zur weiteren Optimierung der Qualität und der Effizienz, auch im Bereich der Softwareentwicklung.

6.2. Kritische Reflexion der eigenen Vorgehensweise

In diesem Assignment wurden nur exemplarisch einige Trends erwähnt. Die Auswahl erfolgte in Bezug auf die Nutzbarkeit in Kombination mit ALM-Systemen und hat daher keinen Anspruch auf Vollständigkeit. Ein Vergleich zwischen ALM-Systemen verschiedener Hersteller wäre eine Bereicherung für diese Arbeit gewesen. Der Autor hat bisher allerdings nur Erfahrungen mit der Lösung von IBM sammeln können und die Möglichkeiten andere ALM-Systeme in der Tiefe kennen zu lernen sind sehr begrenzt.

7. Literaturverzeichnis

Andelfinger, V./ Hänisch, T.:

Internet der Dinge, Springer Fachmedien Wiesbaden 2015

Assadollahi, Ramin:

https://www.pcwelt.de/a/kuenstliche-intelligenz-wozu-sie-heute-schon-imstande-ist,3448334 (abgerufen am 29.03.2020)

Dijkstra, Edsger:
The Humble Programmer, 1972

Ertel, Wolfgang:
Grundkurs Künstliche Intelligenz, 4. Auflage, Springer Fachmedien
Wiesbaden GmbH, 2016

Evsan, Ibrahim et al.:
DIT421 Praktische Grundlagen der digitalen Transformation, AKAD
Bildungsgesellschaft mbH Stuttgart, erhalten 2020

Gerstl, Sebastian:
https://www.embedded-software-engineering.de/raus-aus-der-software-krise-50-jahre-software-engineering-a-765527/ (abgerufen am 22.03.2020)

HJL(Pseudonym)/ Augusten, S.:
https://www.dev-insider.de/was-ist-continuous-integration-a-690914/
(abgerufen am 29.03.2020)

IBM:
https://www.ibm.com/de-de/cloud/learn/iaas-paas-saas (abgerufen am
28.03.2020)

https://www.ibm.com/de-de/cloud/ai?lnk=STW_DE_MAST_W2_TL&
lnk2=learn_WatAssist&psrc=none&pexp=def (abgerufen am 29.03.2020)

https://www.ibm.com/de-de/campaign/was-ist-ein-chatbot (abgerufen am
29.03.2020)

https://www.ibm.com/support/knowledgecenter/SSYMRC_7.0.0/com.
ibm.helpcommon. jazz.calm.doc/topics/c_capabilities.html
(abgerufen am 04.04.2020)

https://www.ibm.com/support/knowledgecenter/SSYMRC_7.0.0/com.
ibm.jazz.vvc.doc/ topics/c_linkval.html (abgerufen am 05.04.2020)

https://www.ibm.com/us-en/marketplace/requirements-quality-assistant
(abgerufen am 05.04.2020)

https://www.ibm.com/de-de/marketplace/test-management/purchase
(abgerufen am 05.04.2020)

Kroker, Michael:
https://blog.wiwo.de/look-at-it/2019/09/09/internet-of-things-knapp-27-
milliarden-vernetzte-geraete-oder-3-iot-gadgets-je-mensch/ (abgerufen am
29.03.2020)

Kugler Maag:
https://www.kuglermaag.de/fileadmin/05_CONTENT_PDF/
literature_automotive-spice_pocketguide.pdf (abgerufen am 02.04.2020)

Mertens, Peter:
Integrierte Informationsverarbeitung 1, 18.Auflage, Springer Fachmedien
Wiesbaden, 2013

Microsoft:
https://azure.microsoft.com/de-de/overview/what-is-cloud-computing/#cloud-
computing-models (abgerufen am 27.03.2020)

https://azure.microsoft.com/de-de/overview/cloud-computing-dictionary/
(abgerufen am 27.03.2020)

Rich, Elaine:
Artificial Intelligence, 1983

Sörensen, Dagmar:

https://digitaler-mittelstand.de/business/ratgeber/product-lifecycle-management-was-ist-das-50746 (abgerufen am 22.03.2020)

Sommergut, Wolfgang:

https://www.computerwoche.de/a/was-sie-ueber-die-cloud-wissen-muessen,2504589,2 (abgerufen am 28.03.2020)

Srocke, D./ Karlstetter, F.:

https://www.cloudcomputing-insider.de/was-ist-serverless-computing-a-713889/ (abgerufen am 28.03.2020)

Stahlknecht, P./ Hasenkamp, U.:

Einführung in die Wirtschaftsinformatik, 8.Auflage, Springer-Verlag Berlin Heidelberg, 1997

t2informatik:

https://t2informatik.de/wissen-kompakt/application-lifecycle-management/ (abgerufen am 22.03.2020)

VDA:

https://vda-qmc.de/software-prozesse/automotive-spice/ (abgerufen am 31.03.2020)

8. Abbildungsverzeichnis

1 Aufteilung der Prozessgruppen nach ASPICE
https://vda-qmc.de/software-prozesse/automotive-spice/
(abgerufen am 01.04.2020)

2 Primäres V-Modell der Entwicklungsprozesse nach ASPICE
https://www.kuglermaag.com/fileadmin/05_CONTENT_PDF/2-
11_automotive-spice_v3-0_update.pdf, S.25
(abgerufen am 02.04.2020)

3 Bidirektionalen Nachverfolgbarkeit zwischen den Artefakten
https://www.kuglermaag.com/fileadmin/05_CONTENT_PDF/2-
11_automotive-spice_v3-0_update.pdf, S.24
(abgerufen am 02.04.2020)

4 Übersicht der ELM Anwendungsbereiche
https://www.ibm.com/support/knowledgecenter/SSYMRC_7.0.0/com.i
bm.help.common.jazz.calm.doc/topics/c_capabilities.html
(abgerufen am 05.04.2020)

5 Linkbeziehungen zwischen allen Artefakten in ELM
https://www.ibm.com/downloads/cas/R72ZWYJP
(abgerufen am 05.04.2020)

6 Beispiel einer Linkkette
https://www.ibm.com/downloads/cas/R72ZWYJP
(abgerufen am 05.04.2020)

7 Prüfung der Link Gültigkeit
https://www.ibm.com/support/knowledgecenter/SSYMRC_7.0.0/com.i
bm.jazz.vvc.doc/topics/c_linkval.html (abgerufen am 05.04.2020)

BEI GRIN MACHT SICH IHR WISSEN BEZAHLT

- Wir veröffentlichen Ihre Hausarbeit,
  Bachelor- und Masterarbeit

- Ihr eigenes eBook und Buch -
  weltweit in allen wichtigen Shops

- Verdienen Sie an jedem Verkauf

Jetzt bei www.GRIN.com hochladen
und kostenlos publizieren